SÄUGETIERE I

– Ausschneide- und Ausmalbogen –

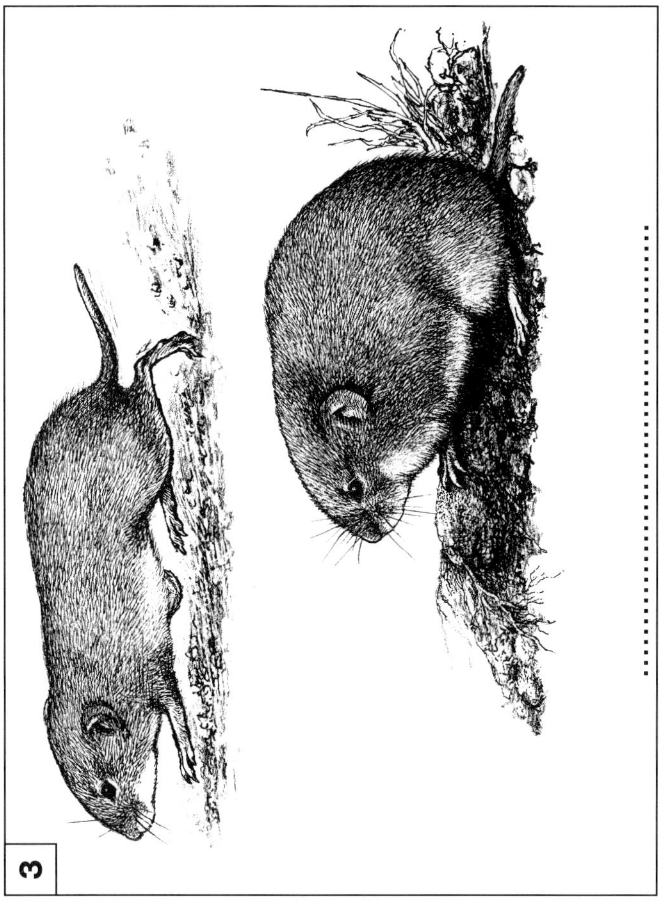

Bd. 286. Berthold Faust: Tiere in Feld und Dorf – 3./4. Schuljahr

Persen® Bergedorfer®
Best.-Nr. 2344

SÄUGETIERE I

– Zuordnungskarten –

1 	A Feldhasen haben keine Verteidigungswaffen. Deshalb können sie bei Gefahr nur fliehen. Meist entkommen sie ihren Feinden, denn keiner kann so gut Haken schlagen und nur wenige sind so schnell wie sie.
2 	B Der Steinmarder stibitzt gern Eier aus Vogelnestern. Er ist so geschickt, dass er mit dem Ei im Maul rennen, springen und klettern kann, ohne es zu zerbrechen.
3 	C Wenn die Erntezeit beginnt, werden die Feldhamster zu übereifrigen Sammlern. Manchmal hamstern sie mehr Vorräte, als sie im Winter verzehren können.
4 	D Feldmäuse graben unterirdische Gänge mit mehreren Kammern und vielen Ein- und Ausgängen. Sie vermehren sich in manchen Jahren massenhaft.

SÄUGETIERE I

– Lückentext –

Feldhase, Feldhamster und .... sind Nagetiere.

Ihr .... sind Getreidefelder, Ackerflächen mit .... und Kartoffeln, Kleefelder und Obstpflanzungen. Sie ernähren sich von Sämereien und .... Pflanzenteilen. Feldhamster fressen aber auch gelegentlich Kleintiere.

In den letzten Jahrzehnten sind die Feldhasen in einigen Gebieten so .... geworden, dass viele Jäger freiwillig auf die .... verzichten.

Der .... ist ein Raubtier, das aus seiner ursprünglichen Heimat, den .... , mehr und mehr in menschliche .... – Dörfer und sogar Großstädte – umgezogen ist. Dort zeigt er eine große Vorliebe für die Kabel und .... geparkter Autos, an denen er gern ....

<u>Setze folgende Wörter ein:</u>

Steinmarder – herumkaut – Feldmaus – Bejagung – Wäldern – grünen – selten – Siedlungen – Rüben – Lebensraum – Schläuche

SÄUGETIERE I

– Fragen zum Text –

Feldhase, Feldhamster und Feldmaus sind Nagetiere. Ihr Lebensraum sind Getreidefelder, Ackerflächen mit Rüben und Kartoffeln, Kleefelder und Obstpflanzungen. Sie ernähren sich von Sämereien und grünen Pflanzenteilen. Feldhamster fressen aber auch gelegentlich Kleintiere.
In den letzten Jahrzehnten sind die Feldhasen in einigen Gebieten so selten geworden, dass viele Jäger freiwillig auf die Bejagung verzichten.
Der Steinmarder ist ein Raubtier, das aus seiner ursprünglichen Heimat, den Wäldern, mehr und mehr in menschliche Siedlungen – Dörfer und sogar Großstädte – umgezogen ist. Dort zeigt er eine große Vorliebe für die Kabel und Schläuche geparkter Autos, an denen er gern herumkaut.

Fragen:

(1) Welche Tiere bezeichnet man als Nagetiere? – (2) Wovon ernähren sich Feldhase, Feldmaus und Feldhamster? – (3) Was frisst der Feldhamster auch noch? – (4) Welche Tierart ist in den letzten Jahrzehnten sehr selten geworden? – (5) Wo ist die ursprüngliche Heimat der Steinmarder? – (6) Wo leben jetzt die Steinmarder auch noch? – (7) Warum suchen Steinmarder geparkte Autos auf?

(1) ....

....

....

....

....

....

....

....

....

Wenn der Platz nicht reicht, schreibe bitte auf der Rückseite weiter.

Persen® Bergedorfer® Best.-Nr. 2344

SÄUGETIERE I

– Protokollbogen –

NAME:	KLASSE:	DATUM:

....

....

....

....

....

....

....

....

....

....

....

....

....

....

....

....

....

....

....

....

Du kannst dich auch in Tierbüchern oder im Lexikon informieren.

Persen® Bergedorfer®
Best.-Nr. 2344

Feldhasen, Die Schnellläufer

– Ausschneide- und Ausmalbogen –

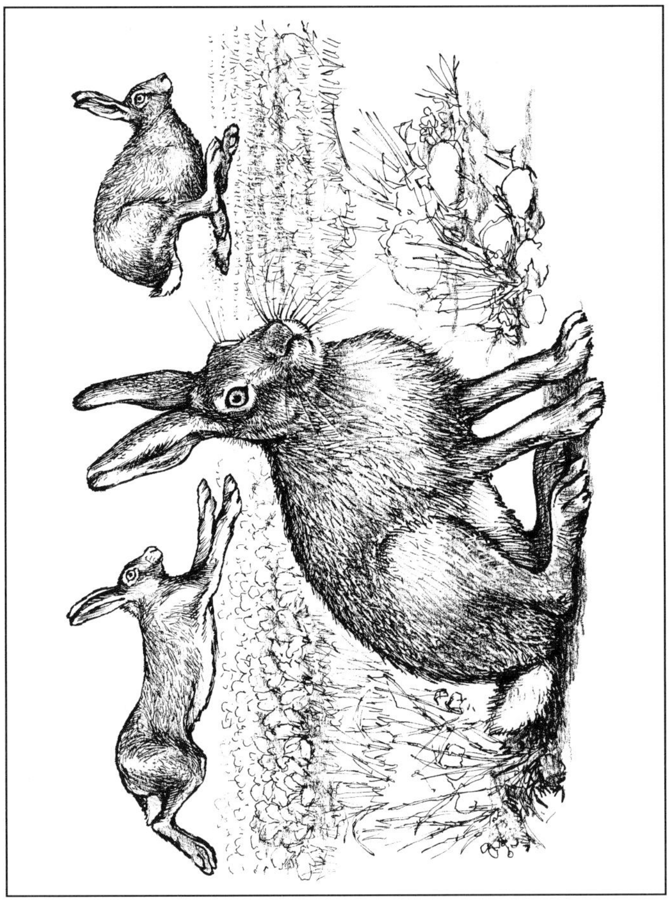

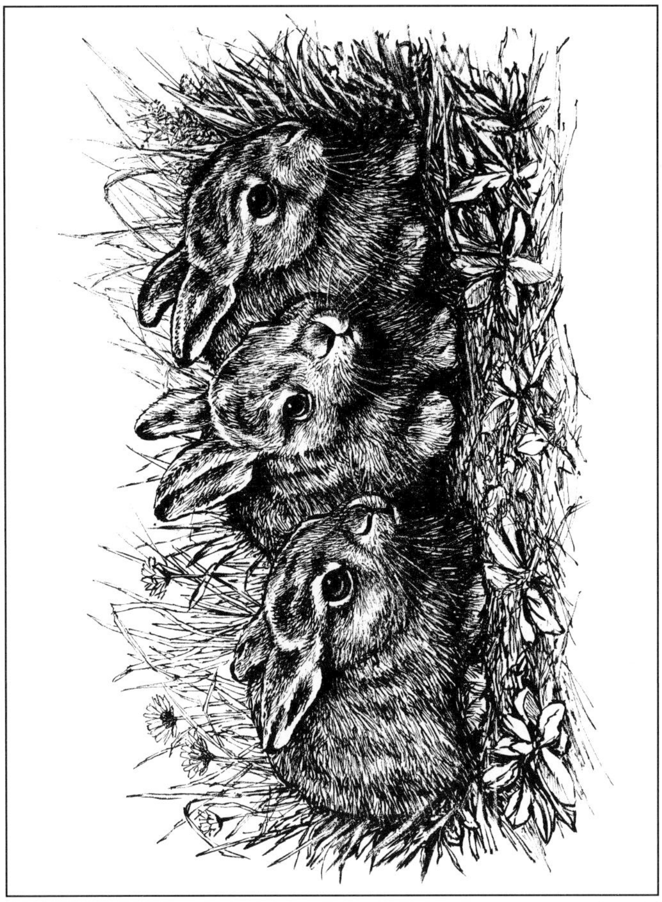

Feldhasen, die Schnellläufer

– Zuordnungskarten –

1

A

In der Paarungszeit kommt es bei den Feldhasen häufig zu Kämpfen. Dabei stellen sie sich auf die Hinterläufe.

2

B

Meist werden 2 oder 3 Junghäschen geboren. Sie können sofort sehen und hören, aber leider nicht weglaufen. Sie sitzen still im Gras und warten auf ihre Mutter.

3

C

An einer geschützten Stelle befindet sich die „Sasse" des Feldhasen. Hier verbringt er die meiste Zeit des Tages.

4

D

Schon ab Januar kann man die Hasen beim „Hochzeitslauf" beobachten. Dabei verfolgen die Männchen die Weibchen.

Persen® Bergedorfer® Best.-Nr. 2344

Feldhasen, Die Schnellläufer

– Lückentext –

Bei Gefahr kann der Hase nur .... Er ist allerdings sehr schnell und er kann gut Haken schlagen.

Die .... zieht sich bei den Hasen von Ende Dezember bis Ende September hin. Sie treffen sich auf .... Freiflächen in Gruppen, um dort ihren „Hochzeitslauf" zu veranstalten. Dabei verfolgen die Männchen die .... Bevor sich .... finden, kommt es meist zu .... zwischen männlichen Rivalen. Manchmal werden auch die .... aggressiv, um unerwünschte Freier .... Hasen stellen sich zum Kämpfen auf die .... und schlagen mit den Vorderpfoten aufeinander ein. 43 Tage nach der Paarung werden die Junghäschen .... Sie sitzen still im Gras und warten auf ihre Mutter, die sie in regelmäßigen Abständen ....

Setze folgende Wörter ein:

Paare – Kämpfen – geboren – Häsinnen – baumlosen – säugt – fliehen – Weibchen – Hinterläufe – abzuwehren – Fortpflanzungszeit

Feldhasen, die Schnellläufer

– Fragen zum Text –

Bei Gefahr kann der Hase nur fliehen. Er ist allerdings sehr schnell und er kann gut Haken schlagen.
Die Fortpflanzungszeit zieht sich bei den Hasen von Ende Dezember bis Ende September hin. Sie treffen sich auf baumlosen Freiflächen in Gruppen, um dort ihren „Hochzeitslauf“ zu veranstalten. Dabei verfolgen die Männchen die Weibchen. Bevor sich Paare finden, kommt es meist zu Kämpfen zwischen männlichen Rivalen.
Manchmal werden auch die Häsinnen aggressiv, um unerwünschte Freier abzuwehren. Hasen stellen sich zum Kämpfen auf die Hinterläufe und schlagen mit den Vorderpfoten aufeinander ein.
43 Tage nach der Paarung werden die Junghäschen geboren. Sie sitzen still im Gras und warten auf ihre Mutter, die sie in regelmäßigen Abständen säugt.

Fragen:

(1) Was machen die Hasen bei Gefahr? – (2) Wie lange dauert die Fortpflanzungszeit bei den Hasen? – (3) Was veranstalten die Hasen vor ihrer Paarung? – (4) Wozu kommt es oft bei den männlichen Rivalen? – (5) Warum werden manchmal auch die Häsinnen aggressiv? – (6) Wie kämpfen Hasen? – (7) Was machen die Junghasen?

(1) ....

....

....

....

....

....

....

....

....

Wenn der Platz nicht reicht, schreibe bitte auf der Rückseite weiter.

Feldhasen, Die Schnellläufer

– Protokollbogen –

NAME:	KLASSE:	DATUM:

....

....

....

....

....

....

....

....

....

....

....

....

....

....

....

....

....

....

....

....

....

Du kannst dich auch in Tierbüchern oder im Lexikon informieren.

SÄUGETIERE II

– Ausschneide- und Ausmalbogen –

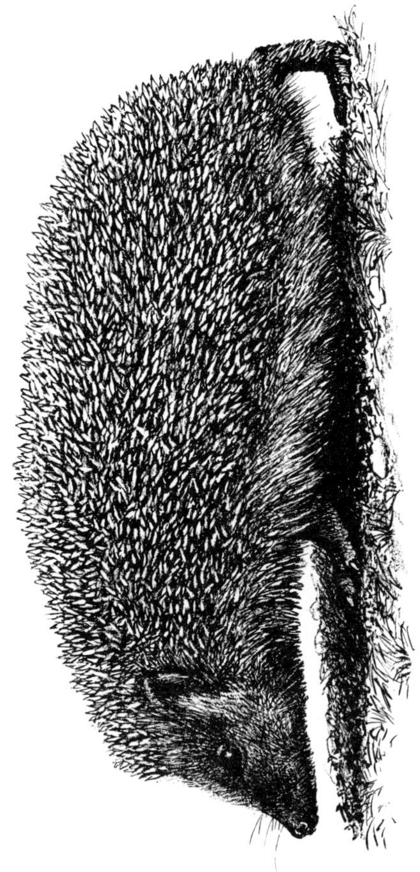

2

4

1

3

SÄUGETIERE II

– Zuordnungskarten –

1

A

Der Igel ist mit seiner stacheligen Rüstung gegen viele Feinde gut geschützt. Doch gegen einen „modernen“ Feind – das Auto – hilft sein Panzer leider nicht.

2

B

Mit seinen schaufelbaggerartigen Vorderbeinen gräbt sich der Maulwurf auf seiner Nahrungssuche durch den Erdboden. Die überschüssige Erde wird hinausgeworfen und bildet „Maulwurfshaufen“.

3

C

Nachts geht das Braune Langohr auf Insektenjagd. Wie alle Fledermäuse orientiert es sich in der Dunkelheit mit Hilfe einer Ultraschall-Echopeilung.

4

D

Spitzmäuse sind eigentlich keine Mäuse, sondern Insektenfresser wie der Maulwurf. Sie benötigen täglich mehr Nahrung, als ihr Körpergewicht beträgt.

SÄUGETIERE II

– Lückentext –

Igel, ... und Maulwürfe gehören zu den

.... Doch sie ernähren sich nicht ausschließlich von Insekten. Zu ihrer Nahrung gehören ebenfalls .... , Schnecken, Spinnen, Eidechsen, kleine Frösche, Jungvögel und beim Igel sogar Schlangen.

Die Fledermäuse .... zu den Fledertieren. Sie fliegen nachts auf Insektenjagd. Dabei hilft ihnen ihre Ultraschall-Echopeilung, denn wie Igel, Maulwurf und Spitzmaus sind sie nacht- und ....

Junge Maulwürfe, die gerade selbstständig geworden sind, ... allerdings auch bei Tage – und das auf der ....

Spitzmäuse befällt bei Nahrungsmangel ein solcher .... , dass sie sogar andere gleich große Tiere anfallen, wegen ihres schlechten .... auch größere.

Maulwürfe sind mit Spitzmäusen nahe .... , trotz ihres unterschiedlichen Körperbaus.

Setze folgende Wörter ein:

gehören – Erdoberfläche –
Spitzmäuse – Sehvermögens –
dämmerungsaktiv – jagen –
Würmer – Insektenfressern –
Heißhunger – verwandt

SÄUGETIERE II

– Fragen zum Text –

Igel, Spitzmäuse und Maulwürfe gehören zu den Insektenfressern. Doch sie ernähren sich nicht ausschließlich von Insekten. Zu ihrer Nahrung gehören ebenfalls Würmer, Schnecken, Spinnen, Eidechsen, kleine Frösche, Jungvögel und beim Igel sogar Schlangen.
Die Fledermäuse gehören zu den Fledertieren. Sie fliegen nachts auf Insektenjagd. Dabei hilft ihnen ihre Ultraschall-Echopeilung, denn wie Igel, Maulwurf und Spitzmaus sind sie nacht- und dämmerungsaktiv. Junge Maulwürfe, die gerade selbstständig geworden sind, jagen allerdings auch bei Tage – und das auf der Erdoberfläche.
Spitzmäuse befällt bei Nahrungsmangel ein solcher Heißhunger, dass sie sogar andere gleich große Tiere anfallen, wegen ihres schlechten Sehvermögens auch größere.
Maulwürfe sind mit Spitzmäusen nahe verwandt, trotz ihres unterschiedlichen Körperbaus.

Fragen:

(1) Was fressen Igel, Maulwürfe, Spitzmäuse und Fledermäuse hauptsächlich? – (2) Wer kann sogar Schlangen erbeuten? – (3) Was hilft den Fledermäusen, im Dunkeln ihre Nahrung zu finden? – (4) Wann sind diese Tiere aktiv? – (5) Was tun Spitzmäuse, wenn sie Heißhunger haben? – (6) Können Spitzmäuse gut sehen? – (7) Wo jagen junge Maulwürfe am Tage?

(1) ....

....

....

....

....

....

....

Wenn der Platz nicht reicht, schreibe bitte auf der Rückseite weiter.

SÄUGETIERE II

– Protokollbogen –

NAME:	KLASSE:	DATUM:

....

....

....

....

....

....

....

....

....

....

....

....

....

....

....

....

....

....

....

....

Du kannst dich auch in Tierbüchern oder im Lexikon informieren.

Igel, die stachelbewehrten Ritter

– Lückentext –

Mit seiner stacheligen .... ist der Igel gut gegen viele .... geschützt. Eine ungewöhnlich dehnbare und kräftige .... , die die stachelige Haut trägt und die Oberseite umwölbt, ermöglicht es dem Igel, sich fast vollständig in seinen Stachelpanzer ....

Leider wird ihm dieses Verhalten auf unseren .... oft zum Verhängnis, denn Einrollen schützt nicht vor unserem Fahrzeug Nummer eins, dem Auto.

Fast alle natürlichen Gifte wie die Stechgifte von .... und .... , Blausäure und Tetanusgift verträgt der Igel in unheimlichen Mengen; von manchen Sorten ein Vielfaches wie ein ....

Gegen das .... der Kreuzotter ist er zwar nicht immun, dennoch ist er im Kampf so .... , dass er die Giftschlange überwältigen und .... kann – samt Kopf und Giftdrüse.

Im Herbst frisst sich der Igel eine ordentliche Speckschicht an und beginnt mit sinkenden Temperaturen sein Winterquartier herzurichten. Dort .... er die kalte Jahreszeit.

<u>Setze folgende Wörter ein:</u>

Bienen – Muskelkappe –
Feinde – geschickt – Mensch –
verschläft – auffressen –
Wespen – Rüstung – Gift –
einzurollen – Straßen

Persen® Bergedorfer® Best.-Nr. 2344

IGEL, DIE STACHELBEWEHRTEN RITTER

– Fragen zum Text –

Mit seiner stacheligen Rüstung ist der Igel gut gegen viele Feinde geschützt. Eine ungewöhnlich dehnbare und kräftige Muskelkappe, die die stachelige Haut trägt und die Oberseite umwölbt, ermöglicht es dem Igel, sich fast vollständig in seinen Stachelpanzer einzurollen.

Leider wird ihm dieses Verhalten auf unseren Straßen oft zum Verhängnis, denn Einrollen schützt nicht vor unserem Fahrzeug Nummer eins, dem Auto.

Fast alle natürlichen Gifte wie die Stechgifte von Wespen und Bienen, Blausäure und Tetanusgift verträgt der Igel in unheimlichen Mengen; von manchen Sorten ein Vielfaches wie ein Mensch. Gegen das Gift der Kreuzotter ist er zwar nicht immun, dennoch ist er im Kampf so geschickt, dass er die Giftschlange überwältigen und auffressen kann – samt Kopf und Giftdrüse.

Im Herbst frisst sich der Igel eine ordentliche Speckschicht an und beginnt mit sinkenden Temperaturen sein Winterquartier herzurichten. Dort verschläft er die kalte Jahreszeit.

Fragen:

(1) Was schützt den Igel vor vielen Feinden? – (2) Was ermöglicht dem Igel, sich fast vollständig in seinen Stachelpanzer einzurollen? – (3) Wo wird dem Igel das Einrollen zum Verhängnis? – (4) Was verträgt der Igel in größeren Mengen? – (5) Ist der Igel gegen das Gift der Kreuzottern immun? – (6) Was macht der Igel im Herbst?

(1) ....

....

....

....

....

....

....

Wenn der Platz nicht reicht, schreibe bitte auf der Rückseite weiter.

IGEL,
DIE STACHELBEWEHRTEN RITTER

– Protokollbogen –

NAME: **KLASSE:** **DATUM:**

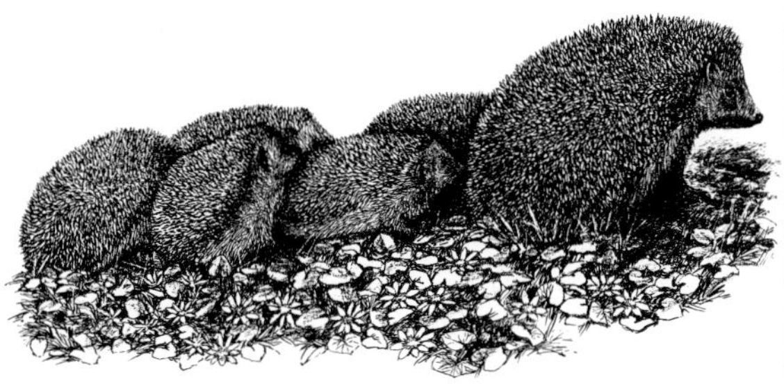

....

....

....

....

....

....

....

....

....

....

....

....

....

....

....

....

....

....

....

....

....

Du kannst dich auch in Tierbüchern oder im Lexikon informieren.

Persen® Bergedorfer®
Best.-Nr. 2344

VÖGEL I

– Ausschneide- und Ausmalbogen –

1

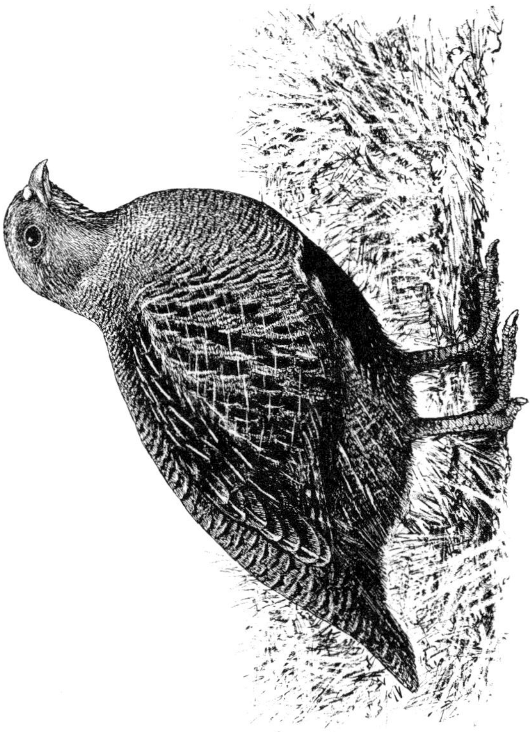

2

3

4

VÖGEL I

– Zuordnungskarten –

1

A

Schon im Februar und März kehren die Kiebitze aus ihren Winterquartieren zurück und man kann sie bei ihren akrobatischen Balzflügen beobachten.

2

B

Das Gefieder der Schleiereule ist ganz weich und auch die wichtigsten Schwungfedern haben keine scharfen Kanten. Deshalb kann die Schleiereule fliegen, ohne ein Geräusch zu machen.

3

C

Turmfalken können selber keine Nester bauen. Deshalb beziehen sie oft die Nester anderer etwa gleich großer Vögel.

4

D

Die meiste Zeit des Jahres leben die Rebhühner in einer größeren Gemeinschaft. Doch im Februar und März sondern sich Paare ab. In diesen Wochen gibt es viel Aufregung und Gezänk um die Brutreviere.

VÖGEL I

– Lückentext –

Kiebitz und Rebhuhn bewohnen .... baumlose Landschaften. Sonst haben sie aber nicht viel gemeinsam. Der Kiebitz bevorzugt feuchte Wiesen, das Rebhuhn .... Gelände. Mit seinem metallisch glänzenden schwarz-weißen .... ist der Kiebitz einer unserer .... Vögel in Wiesen und Marschen, das Rebhuhn dagegen ist .... graubraun gefärbt.

Turmfalke und Schleiereule sind .... Beide bevorzugen als .... offenes Gelände und ihre Nahrung besteht hauptsächlich aus ....

Ursprünglich haben Turmfalke und .... in .... gebrütet, doch schon längst zieht es sie zu den Siedlungen der Menschen.

Der Turmfalke besitzt seinen .... zu Recht: Oft brütet er auf .... oder anderen hohen Türmen.

<u>Setze folgende Wörter ein:</u>

Felsspalten – Mäusen – Namen – Kirchtürmen – Jagdrevier – auffälligsten – Beutegreifer – trockenes – unauffällig – offene – Gefieder – Schleiereule

VÖGEL I

– Fragen zum Text –

Kiebitz und Rebhuhn bewohnen offene baumlose Landschaften. Sonst haben sie aber nicht viel gemeinsam. Der Kiebitz bevorzugt feuchte Wiesen, das Rebhuhn trockenes Gelände.
Mit seinem metallisch glänzenden schwarzweißen Gefieder ist der Kiebitz einer unserer auffälligsten Vögel in Wiesen und Marschen, das Rebhuhn dagegen ist unauffällig graubraun gefärbt.
Turmfalke und Schleiereule sind Beutegreifer. Beide bevorzugen als Jagdrevier offenes Gelände und ihre Nahrung besteht hauptsächlich aus Mäusen.

Ursprünglich haben Turmfalke und Schleiereule in Felsspalten gebrütet, doch schon längst zieht es sie zu den Siedlungen der Menschen.
Der Turmfalke besitzt seinen Namen zu Recht: Oft brütet er auf Kirchtürmen oder anderen hohen Türmen.

Fragen:

(1) Was für ein Gelände bevorzugt der Kiebitz? – (2) Welche Farbe hat das Rebhuhn? – (3) Was fressen Turmfalke und Schleiereule hauptsächlich? – (4) Was für ein Gelände bevorzugt die Schleiereule zum Jagen? – (5) Wohin zieht es Schleiereule und Turmfalke schon längst? – (6) Warum besitzt der Turmfalke seinen Namen zu Recht? – (7) Wo haben Turmfalke und Schleiereule ursprünglich gebrütet?

(1) ....

....

....

....

....

....

....

Wenn der Platz nicht reicht, schreibe bitte auf der Rückseite weiter.

VÖGEL I

– Protokollbogen –

NAME: **KLASSE:** **DATUM:**

Du kannst dich auch in Tierbüchern oder im Lexikon informieren.

Persen® Bergedorfer® Best.-Nr. 2344

SCHLEIEREULEN, DIE MEISTER IM LAUSCHANGRIFF

Ausschneide- und Ausmalbogen –

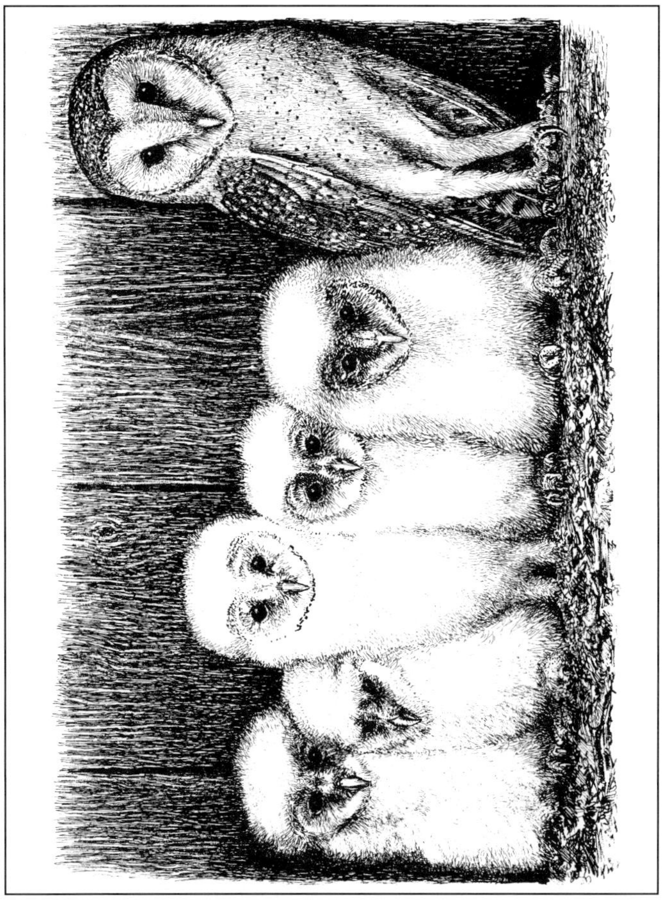

Schleiereulen, die Meister im Lauschangriff

– Zuordnungskarten –

1

A

Schleiereulen legen meist 4 bis 6 Eier. Wenn die Jungen geschlüpft sind, werden sie von der Mutter bewacht.

2

B

Die Schleiereule jagt nachts. Sie kommt so lautlos angeflogen, dass ihre Beutetiere sie nicht vorher hören.

3

C

Im Augenblick des Beutezugriffs gibt es für die Maus kein Entrinnen mehr.

4

D

Nach erfolgreicher Jagd fliegt die männliche Schleiereule mit der Beute im Schnabel zum Brutplatz.

SCHLEIEREULEN, DIE MEISTER IM LAUSCHANGRIFF

– Lückentext –

Schleiereulen brüten auf Kirchtürmen, Dachböden, in .... und alten Scheunen. Sie bleiben ihrem Nistplatz ein Leben lang treu. Normalerweise legt die Schleiereule im .... 4 bis 6 Eier. In Jahren, wenn sich die .... sehr stark vermehren, dauert die .... bis in den Herbst und die Zahl der .... kann bis auf 10 oder 12 steigen. Ihre Nahrung besteht neben Mäusen aus Vögeln, Insekten und Fröschen.

Das .... der Schleiereule ist ein wahres Wunderwerk. Ihre Ohröffnungen sind etwas versetzt am .... angeordnet. Das bewirkt, dass die Schallwellen das linke Trommelfell einen winzigen Augenblick .... erreichen als das rechte. Dadurch kann die Schleiereule die wahrgenommenen Geräusche ihrer Beutetiere ganz präzise ....

Doch da sie so ein schallempfindliches Gehör hat, ist ein besonderer .... nötig, um sie z. B. vor dem Lärm von .... , Autos oder Hundegebell zu schützen. Kleine verschließbare Hautfalten an den .... helfen ihr, diesen Lärm auszublenden.

Setze folgende Wörter ein:

Brutsaison – Burgruinen – orten – Ohren – Eier – Feldmäuse – Gehör – April – Sirenen – Schutzmechanismus – eher – Schädel

Schleiereulen, die Meister im Lauschangriff

– Fragen zum Text –

Schleiereulen brüten auf Kirchtürmen, Dachböden, in Burgruinen und alten Scheunen. Sie bleiben ihrem Nistplatz ein Leben lang treu.
Normalerweise legt die Schleiereule im April 4 bis 6 Eier. In Jahren, wenn sich die Feldmäuse sehr stark vermehren, dauert die Brutsaison bis in den Herbst und die Zahl der Eier kann bis auf 10 oder 12 steigen.
Ihre Nahrung besteht neben Mäusen aus Vögeln, Insekten und Fröschen.
Das Gehör der Schleiereule ist ein wahres Wunderwerk. Ihre Ohröffnungen sind etwas versetzt am Schädel angeordnet. Das bewirkt, dass die Schallwellen das linke Trommelfell einen winzigen Augenblick eher erreichen als das rechte. Dadurch kann die Schleiereule die wahrgenommenen Geräusche ihrer Beutetiere ganz präzise orten.
Doch da sie so ein schallempfindliches Gehör hat, ist ein besonderer Schutzmechanismus nötig, um sie z. B. vor dem Lärm von Sirenen, Autos oder Hundegebell zu schützen. Kleine verschließbare Hautfalten an den Ohren helfen ihr, diesen Lärm auszublenden.

Fragen:

(1) Wo brüten Schleiereulen? – (2) Wie viele Eier legt die Schleiereule normalerweise? – (3) Was passiert, wenn sich die Feldmäuse sehr stark vermehren? – (4) Woraus besteht die Nahrung der Schleiereulen? – (5) Haben die Schleiereulen ein sehr gutes oder ein sehr schlechtes Gehör? – (6) Was hilft den Schleiereulen, ihre Beutetiere ganz genau zu orten? – (7) Warum brauchen die Schleiereulen einen Schutzmechanismus für ihr Gehör?

(1) ....

....

....

....

....

....

Wenn der Platz nicht reicht, schreibe bitte auf der Rückseite weiter.

Schleiereulen, die Meister im Lauschangriff

– Protokollbogen –

NAME: **KLASSE:** **DATUM:**

Du kannst dich auch in Tierbüchern oder im Lexikon informieren.

VÖGEL II

– Ausschneide- und Ausmalbogen –

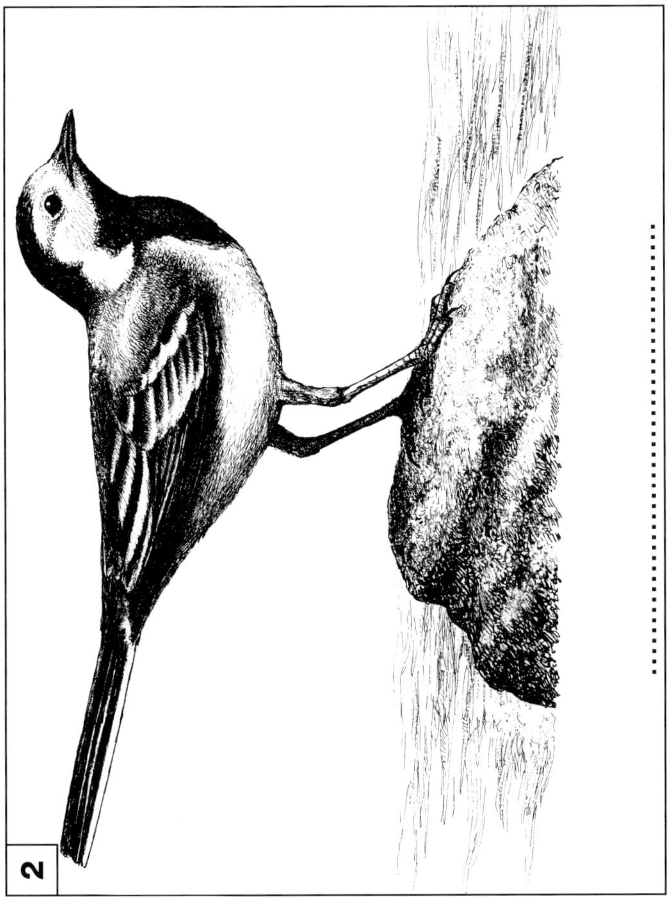

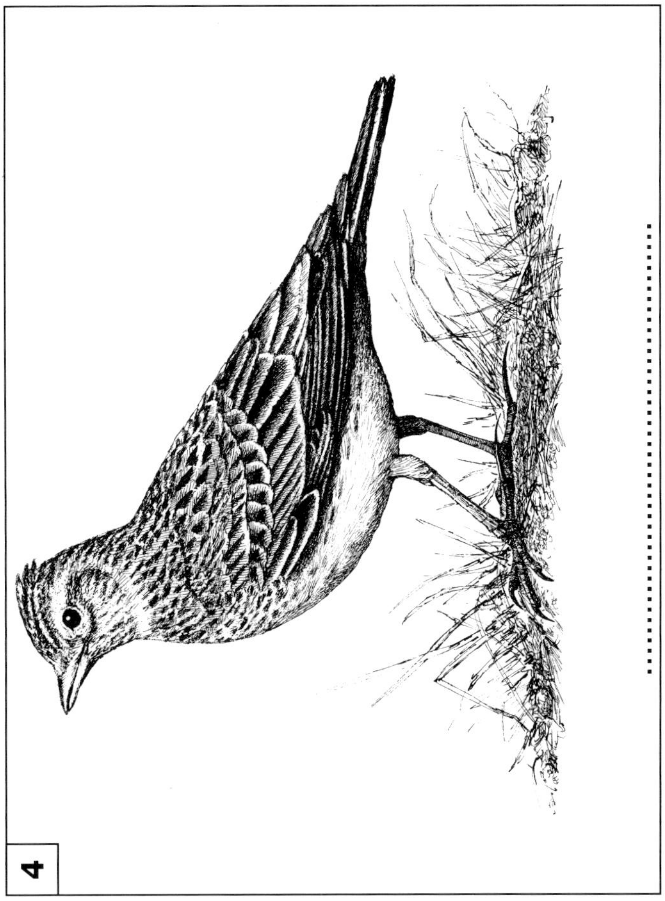

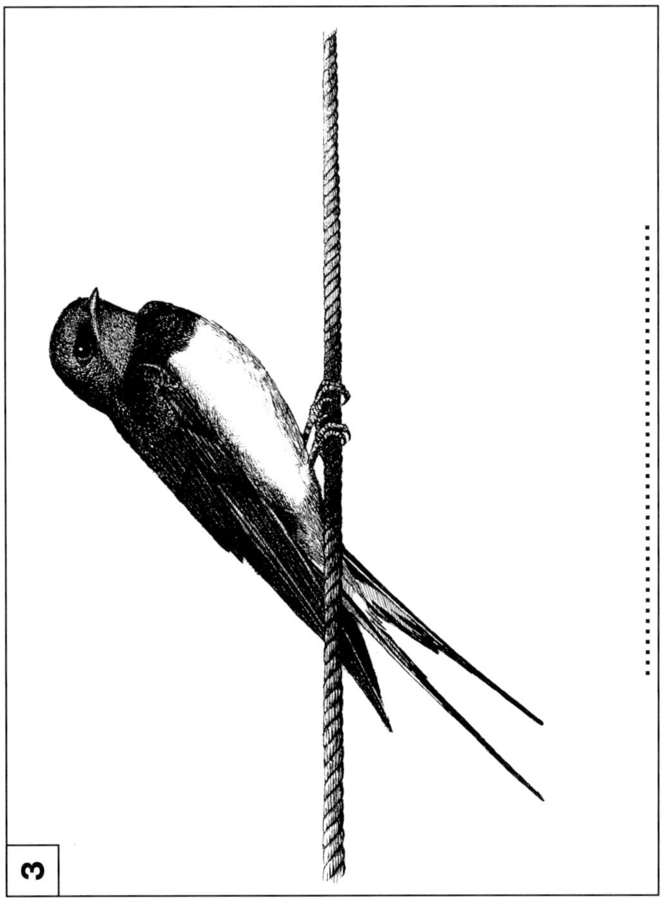

VÖGEL II

– Zuordnungskarten –

1

A

Während sie immer höher und höher in den Himmel aufsteigt, lässt die Feldlerche ihr fröhliches Lied erklingen. Der Singflug dauert mitunter bis zu 20 Minuten.

2

B

Die Bachstelze wohnt nicht nur am Bach. Auch kleine Tümpel und Pfützen genügen ihr, wenn sich nur viele Wasserinsekten darin tummeln.

3

C

Die Elster ist wie alle Rabenvögel intelligent, lernfähig, anpassungsfähig und bei Gefahr äußerst aufmerksam und vorsichtig.
Sie ist ein erfolgreicher Nesträuber. Aber hauptsächlich ernährt sie sich von Insekten, Kleinsäugern und Aas.

4

D

Als Kulturfolger bauen Rauchschwalben ihre Nester in Gebäuden, am liebsten in Viehställen. Sie sind die Maurer unter den Singvögeln.

VÖGEL II

– Lückentext –

Anfang März kehren die grau-weiß-schwarzen Bachstelzen aus ihren Winterquartieren heim. Sofort machen sie mit ihrem auffälligen .... auf sich aufmerksam. Dabei rufen sie „zillit“ oder „fillip“.

Die graubraune Streifen- und Punktezeichnung auf hellem Grund bietet der .... auf dem .... zwischen niedrigem Pflanzenbewuchs ausgezeichnete .... Man entdeckt sie erst, wenn sie sich in die .... erhebt und im Singflug so hoch .... , bis man sie kaum noch erkennen kann.

Die Rauchschwalben .... immer im Innern von Gebäuden, zu denen sie jederzeit .... Ein- und Ausflug haben. Im Gegensatz dazu findet man Mehlschwalbennester nur .... an Gebäuden.

Das Nest der Elster ist ein .... Gebilde mit einer seitlichen Öffnung. Zum Bauen verwendet die Elster fingerdicke Zweige, die im Unterbau mit viel .... verstärkt werden. Für den oberen Teil nimmt sie gern dünnere dornige ....

Setze folgende Wörter ein:

Lehm – kugeliges – Boden – Schwanzwippen – freien – außen – Lüfte – Tarnung – steigt – Feldlerche – nisten – Zweige

VÖGEL II

– Fragen zum Text –

Anfang März kehren die grau-weiß-schwarzen Bachstelzen aus ihren Winterquartieren heim. Sofort machen sie mit ihrem auffälligen Schwanzwippen auf sich aufmerksam. Dabei rufen sie „zillit“ oder „fillip“.
Die graubraune Streifen- und Punktezeichnung auf hellem Grund bietet der Feldlerche auf dem Boden zwischen niedrigem Pflanzenbewuchs ausgezeichnete Tarnung. Man entdeckt sie erst, wenn sie sich in die Lüfte erhebt und im Singflug so hoch steigt, bis man sie kaum noch erkennen kann.
Die Rauchschwalben nisten immer im Innern von Gebäuden, zu denen sie jederzeit freien Ein- und Ausflug haben. Im Gegensatz dazu findet man Mehlschwalbennester nur außen an Gebäuden.
Das Nest der Elster ist ein kugeliges Gebilde mit einer seitlichen Öffnung. Zum Bauen verwendet die Elster fingerdicke Zweige, die im Unterbau mit viel Lehm verstärkt werden. Für den oberen Teil nimmt sie gern dünnere dornige Zweige.

Fragen:

(1) Womit machen die Bachstelzen auf sich aufmerksam? – (2) Was rufen die Bachstelzen dabei? – (3) Wer hat ein graubraunes Tarnkleid mit Streifen und Punkten? – (4) Welche Schwalbenart nistet immer im Innern von Gebäuden? – (5) Was versteht man unter „Singflug“? – (6) Wie sieht das Nest der Elster aus? – (7) Womit wird der Unterbau des Elsternnestes verstärkt?

(1) ....

....

....

....

....

....

....

Wenn der Platz nicht reicht, schreibe bitte auf der Rückseite weiter.

VÖGEL II

– Protokollbogen –

NAME: **KLASSE:** **DATUM:**

....

....

....

....

....

....

....

....

....

....

....

....

....

....

....

....

....

....

....

....

Du kannst dich auch in Tierbüchern oder im Lexikon informieren.

RAUCHSCHWALBEN, DIE ELEGANTEN MAURER

– Ausschneide- und Ausmalbogen –

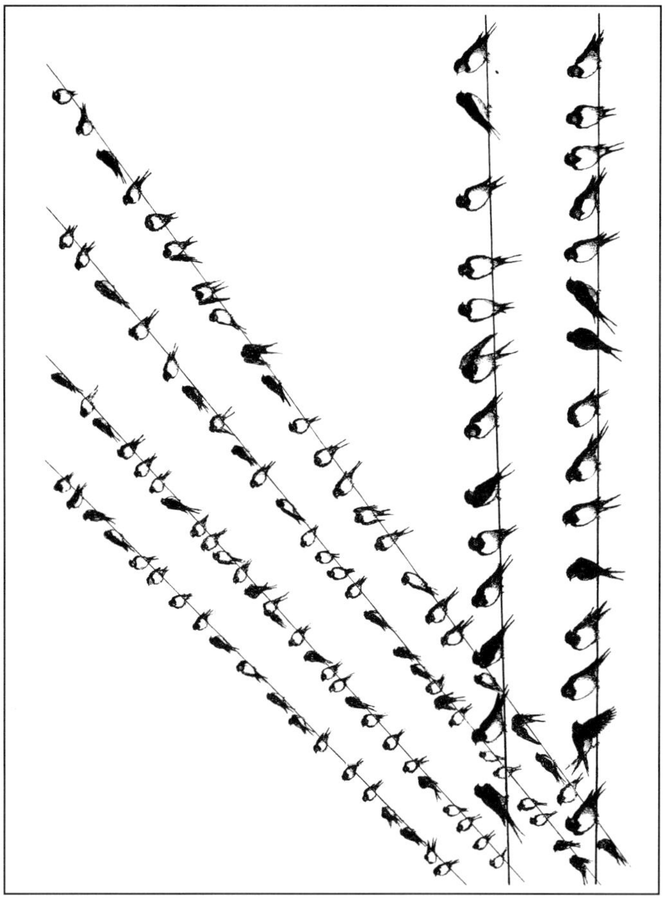

RAUCHSCHWALBEN, DIE ELEGANTEN MAURER

– Zuordnungskarten –

1

A

Mit ihren langen spitzen Flügeln und den extrem lang gezogenen äußeren Schwanzfedern ist die Rauchwalbe ein eleganter Schnellflieger.

2

B

Im Herbst, bevor die Rauchschwalben wieder Richtung Süden fliegen, versammeln sie sich in großen Scharen.

3

C

Das ringförmig angelegte Mauerwerk der Schwalbennester wird durch eingefügte Halme haltbarer. Oft werden diese Nester über Jahre benutzt.

4

D

Aus Schlammpfützen holen sich die Rauchschwalben ihr wichtigstes Baumaterial: den Lehm.

Persen® Bergedorfer® Best.-Nr. 2344

Rauchschwalben, die eleganten Maurer

– Lückentext –

Die Rauchschwalbe ist vollkommen an das Leben in der .... angepasst.

Ihr schlanker .... und die lang .... Flügel- und

Schwanzfedern ermöglichen ihr ein rasantes und .... Fliegen.

Kaum ein anderer .... verbringt so viel Zeit seines Lebens im

Flug: Die .... , kleine Fluginsekten, wird mit weit ....

Schnabel in der Luft aufgenommen und während des Fluges wird in Teichen,

Seen oder anderen .... gebadet und ....

Bei schlechtem .... sieht man die Rauchschwalben mit Mehlschwalben und Mauerseglern gemeinsam über Wasserflächen jagen, da es die

.... dann dort hinzieht.

Die Rauchschwalben sind die .... unter den Singvögeln. Gern ziehen sie als „Untermieter" in Viehställen ein. Dabei bauen sie ihre oben offenen Nester kunstvoll direkt unterhalb der Decke.

<u>Setze folgende Wörter ein:</u>

Singvogel – Maurer – Gewässern – wendiges – Körperbau – Luft – getrunken – geöffnetem – Wetter – Fluginsekten – gezogenen – Nahrung

Rauchschwalben, die eleganten Maurer

– Fragen zum Text –

Die Rauchschwalbe ist vollkommen an das Leben in der Luft angepasst. Ihr schlanker Körperbau und die lang gezogenen Flügel- und Schwanzfedern ermöglichen ihr ein rasantes und wendiges Fliegen. Kaum ein anderer Singvogel verbringt so viel Zeit seines Lebens im Flug: Die Nahrung, kleine Fluginsekten, wird mit weit geöffnetem Schnabel in der Luft aufgenommen und während des Fluges wird in Teichen, Seen oder anderen Gewässern gebadet und getrunken.
Bei schlechtem Wetter sieht man die Rauchschwalben mit Mehlschwalben und Mauerseglern gemeinsam über Wasserflächen jagen, da es die Fluginsekten dann dort hinzieht.
Die Rauchschwalben sind die Maurer unter den Singvögeln. Gern ziehen sie als „Untermieter“ in Viehställen ein. Dabei bauen sie ihre oben offenen Nester kunstvoll direkt unterhalb der Decke.

Fragen:

(1) Woran ist die Rauchschwalbe vollkommen angepasst? – (2) Was ermöglicht der Rauchschwalbe ein schnelles und wendiges Fliegen? – (3) Was macht die Rauchschwalbe alles in der Luft? – (4) Wovon ernährt sich die Rauchschwalbe? – (5) Wo trinkt die Rauchschwalbe? – (6) Wo kann man Rauchschwalben bei schlechtem Wetter beobachten? – (7) Mit welchen anderen Vögeln jagen Rauchschwalben bei schlechtem Wetter?

(1) ....

....

....

....

....

....

....

....

Wenn der Platz nicht reicht, schreibe bitte auf der Rückseite weiter.

RAUCHSCHWALBEN, DIE ELEGANTEN MAURER

– Protokollbogen –

NAME:	**KLASSE:**	**DATUM:**

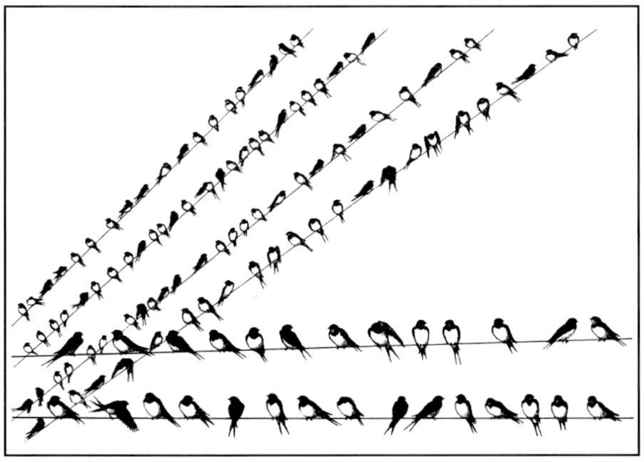

....

....

....

....

....

....

....

....

....

....

....

....

....

....

....

....

....

....

....

....

Du kannst dich auch in Tierbüchern oder im Lexikon informieren.

Bergedorfer® Best.-Nr. 2344

INSEKTEN

– Ausschneide- und Ausmalbogen –

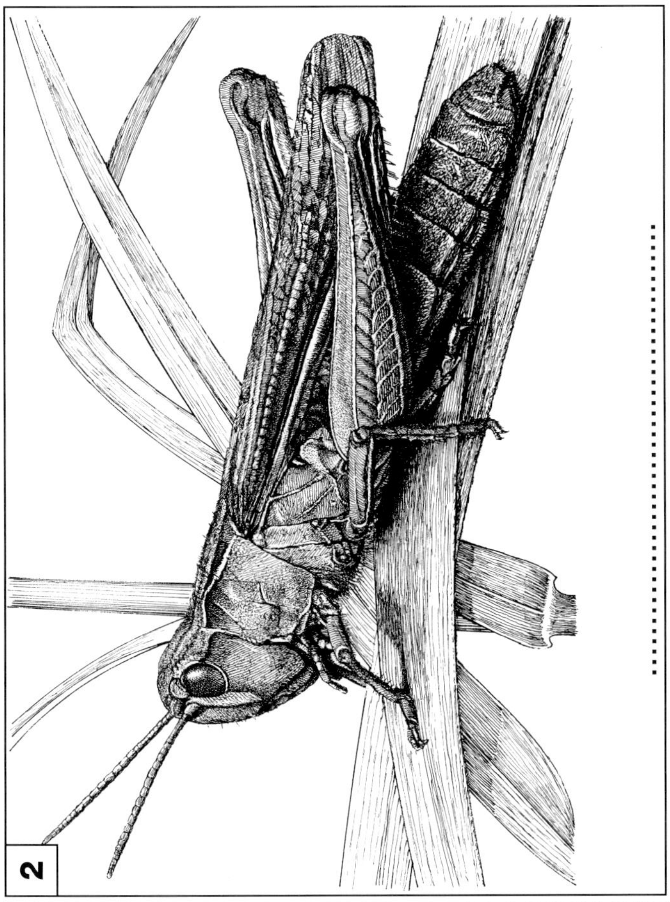

2

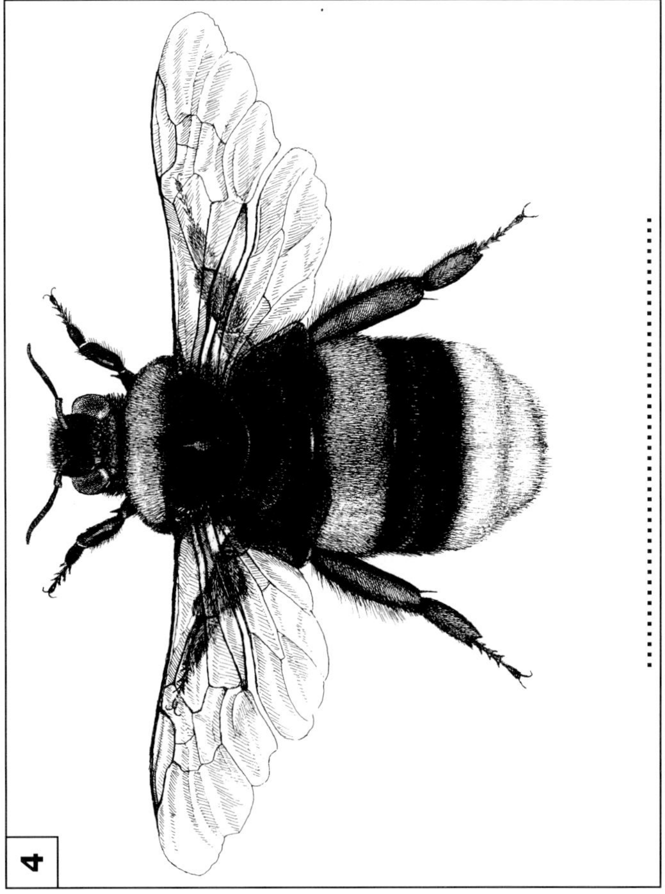

4

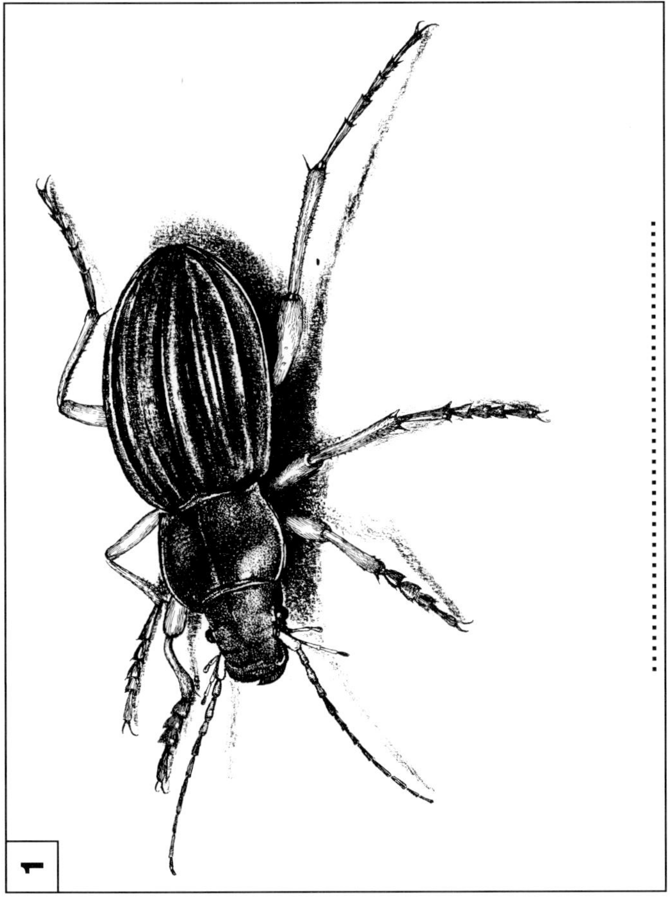

1

3

INSEKTEN

– Zuordnungskarten –

1

A

Im April kommen die Goldlaufkäfer aus ihren Winterverstecken hervor. Kurz darauf beginnen sie sich zu paaren.

2

B

Der kleine unscheinbare Grashüpfer gehört zu den Feldheuschrecken. Im sommerlichen Konzert ist er der „Geigenspieler". Durch Entlangstreichen der Hinterschenkel an den Vorderflügeln werden die Töne erzeugt.

3

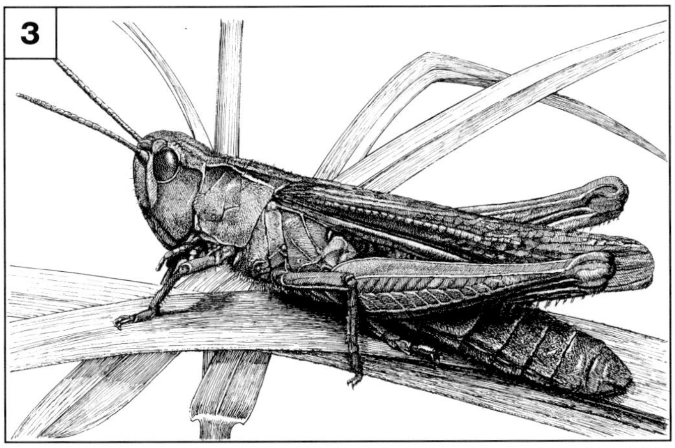

C

Einer unserer häufigsten Falter ist der Kleine Fuchs. Er ist leuchtend fuchsrot mit hellen und schwarzen Flecken, besonders am vorderen Rand der Vorderflügel. Die äußeren Flügelränder sind blau gefleckt.

4

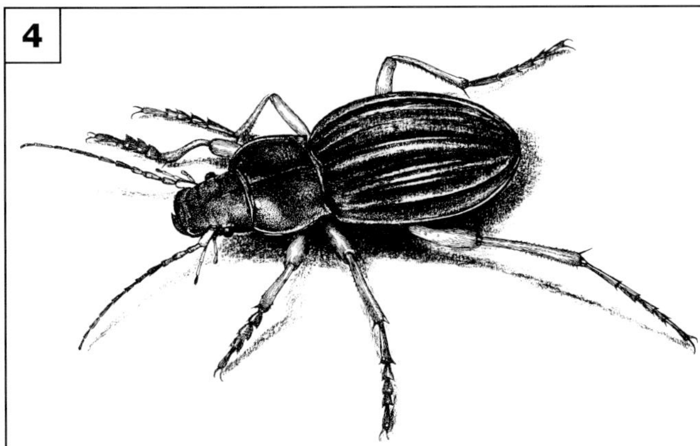

D

Die Erdhummeln haben unterirdische Bauten, in denen sie ihren Nachwuchs aufziehen. Ein Erdhummelvolk besteht aus 200 – 400 Tieren.

INSEKTEN

– Lückentext –

Die metallisch .... glänzenden Goldlaufkäfer machen tagsüber Jagd auf andere .... , Schnecken und Würmer. Im Frühjahr legen sie ihre .... in den Erdboden. Dort leben auch die Larven. Nach drei .... verpuppen sie sich in einer Erdhöhle. Im .... schlüpfen dann die fertigen Goldlaufkäfer.

Auch die .... wachsen unter der Erde heran. Gern legen sie ihre Bauten in den unterirdischen .... von Mäusen, Maulwürfen oder Feldhamstern an.

Der Kleine Fuchs ist der häufigste .... in Europa und Asien. Man findet ihn in den Alpen und im Himalaya, wo er sogar noch in einer .... von 5000 m und mehr vorkommt.

Wie seine ganze Feldheuschrecken-Verwandtschaft ist der Gemeine Grashüpfer viel eher zu .... als zu sehen. An lauen Sommerabenden erfüllen seine .... Zirptöne die Luft über den ....

Setze folgende Wörter ein:

schnarrenden – Fleckenfalter – grün – Eier – hören – Wiesen – Herbst – Insekten – Häutungen – Höhe – Gängen – Erdhummeln

INSEKTEN

– Fragen zum Text –

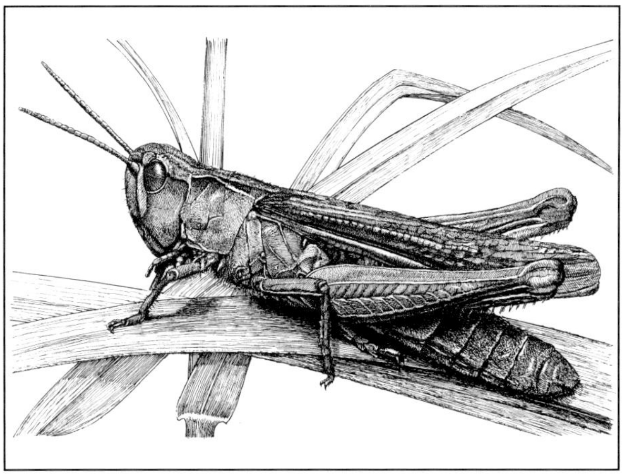

Die metallisch grün glänzenden Goldlaufkäfer machen tagsüber Jagd auf andere Insekten, Schnecken und Würmer. Im Frühjahr legen sie ihre Eier in den Erdboden. Dort leben auch die Larven. Nach drei Häutungen verpuppen sie sich in einer Erdhöhle. Im Herbst schlüpfen dann die fertigen Goldlaufkäfer.
Auch die Erdhummeln wachsen unter der Erde heran. Gern legen sie ihre Bauten in den unterirdischen Gängen von Mäusen, Maulwürfen oder Feldhamstern an.
Der Kleine Fuchs ist der häufigste Fleckenfalter in Europa und Asien. Man findet ihn in den Alpen und im Himalaya, wo er sogar noch in einer Höhe von 5000 m und mehr vorkommt.
Wie seine ganze Feldheuschrecken-Verwandtschaft ist der Gemeine Grashüpfer viel eher zu hören als zu sehen. An lauen Sommerabenden erfüllen seine schnarrenden Zirptöne die Luft über den Wiesen.

Fragen:

(1) Wann jagen die Goldlaufkäfer? – (2) Was tun die Goldlaufkäfer im Frühjahr? – (3) Wie oft häuten sich die Larven der Goldlaufkäfer? – (4) Wo befinden sich die Bauten der Erdhummeln? – (5) Wo ist der Kleine Fuchs überall zu Hause? – (6) Wer ist viel eher zu hören als zu sehen? – (7) Was machen die Grashüpfer an lauen Sommerabenden?

(1) ....

....

....

....

....

....

....

....

Wenn der Platz nicht reicht, schreibe bitte auf der Rückseite weiter.

INSEKTEN

– Protokollbogen –

NAME:	**KLASSE:**	**DATUM:**

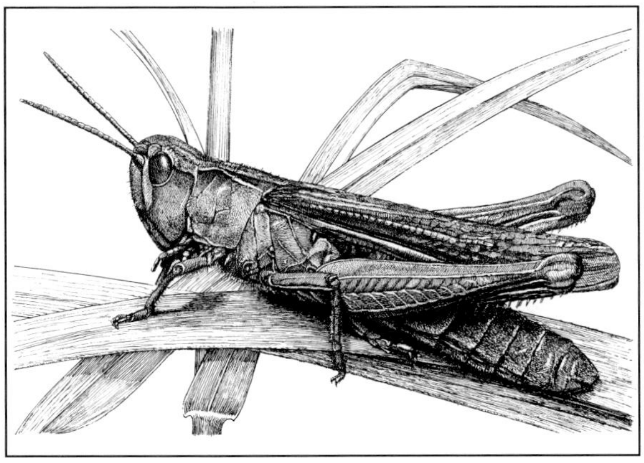

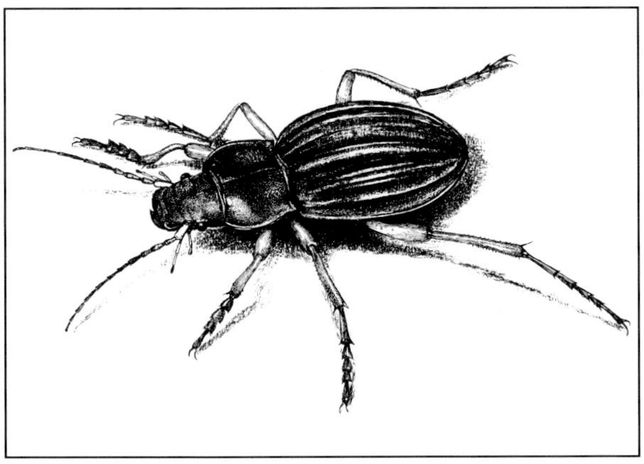

Du kannst dich auch in Tierbüchern oder im Lexikon informieren.

Der kleine Fuchs, der Brennnesselfreund

– Ausschneide- und Ausmalbogen –

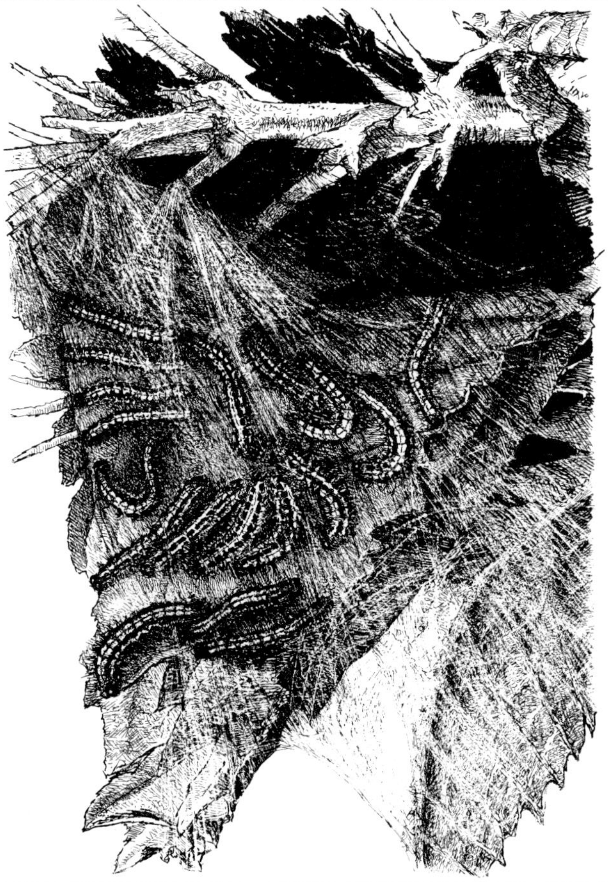

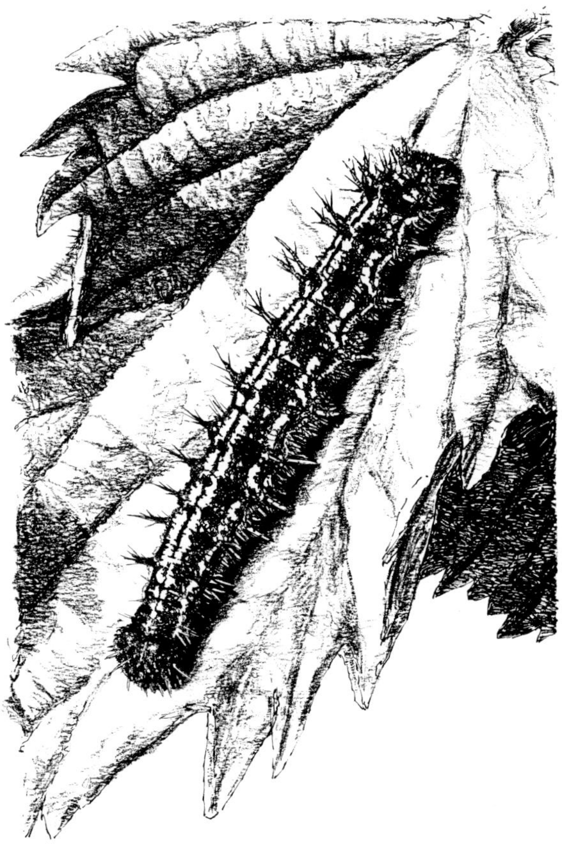

Persen® Bergedorfer®
Best.-Nr. 2344

Der Kleine Fuchs, der Brennnesselfreund

– Zuordnungskarten –

1

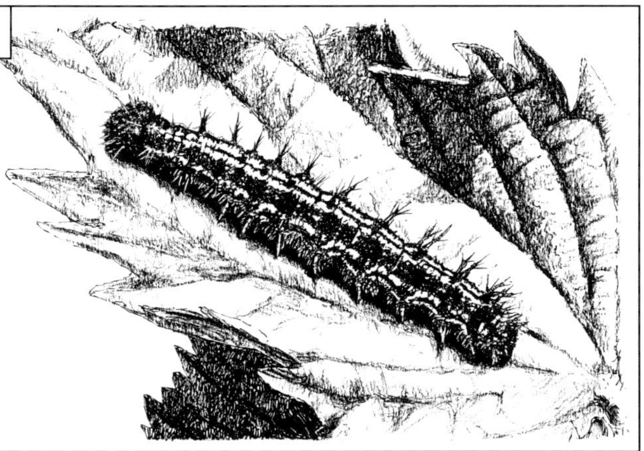

A

Die Raupe hat sich verpuppt und hängt an der Unterseite eines Blattes.

2

B

Um zu wachsen, müssen sich Raupen mehrmals häuten.
Nach der letzten Häutung leben sie einzeln.

3

C

Im Gegensatz zu den Raupen lieben die fertigen Falter die Blüten. Besonders die Weibchen finden hier ihre Nahrung.

4

D

Aus den Eiern sind kleine Raupen geschlüpft. Sie leben gern gesellig und haben sich an ihrer Futterpflanze, der Brennnessel, zusammen eingesponnen.

Der Kleine Fuchs, der Brennnesselfreund

– Lückentext –

Der Kleine Fuchs verbringt den Winter als Falter auf Dachböden, in Kellern oder .... im .... Bei warmem Wetter kann man die ersten .... schon im März beobachten. Fallen die .... wieder, wird der Winterschlaf noch ein Weilchen ....

In unseren Breiten gibt es im Jahr meist drei Generationen. Das bedeutet, dass sich der .... während des Sommerhalbjahres dreimal vom Ei – über .... und Puppe – bis zum .... Falter entwickelt.

Das Weibchen .... seine Eier an .... , von denen sich die geschlüpften Raupen ernähren.

Der Falter .... den Nektar verschiedener .... , man findet ihn aber auch an Früchten oder Bäumen, die leckere Säfte zu bieten haben.

<u>Setze folgende Wörter ein:</u>

Raupe – saugt – fertigen – Höhlen – Winterschlaf – legt – Temperaturen – Kleine Fuchs – fortgesetzt – Blüten – Falter – Brennnesselblätter

DER KLEINE FUCHS, DER BRENNNESSELFREUND

– Fragen zum Text –

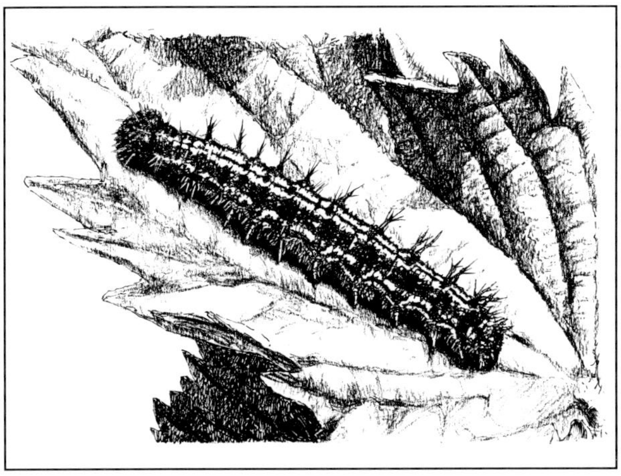

Der Kleine Fuchs verbringt den Winter als Falter auf Dachböden, in Kellern oder Höhlen im Winterschlaf. Bei warmem Wetter kann man die ersten Falter schon im März beobachten. Fallen die Temperaturen wieder, wird der Winterschlaf noch ein Weilchen fortgesetzt.

In unseren Breiten gibt es im Jahr meist drei Generationen. Das bedeutet, dass sich der Kleine Fuchs während des Sommerhalbjahres dreimal vom Ei – über Raupe und Puppe – bis zum fertigen Falter entwickelt.

Das Weibchen legt seine Eier an Brennnesselblätter, von denen sich die geschlüpften Raupen ernähren.

Der Falter saugt den Nektar verschiedener Blüten, man findet ihn aber auch an Früchten oder Bäumen, die leckere Säfte zu bieten haben.

Fragen:

(1) Wo verbringt der Kleine Fuchs den Winter? – (2) In welcher Gestalt überwintert der Kleine Fuchs? – (3) Wie viele Generationen gibt es meist im Jahr? – (4) In welchen vier Stufen entwickelt sich der Kleine Fuchs? – (5) Wo leben die Raupen des Kleinen Fuchses? – (6) Wovon ernährt sich der fertige Falter?

(1) ....

....

....

....

....

....

....

....

....

Wenn der Platz nicht reicht, schreibe bitte auf der Rückseite weiter.

Der kleine Fuchs, der Brennnesselfreund

– Protokollbogen –

NAME: **KLASSE:** **DATUM:**

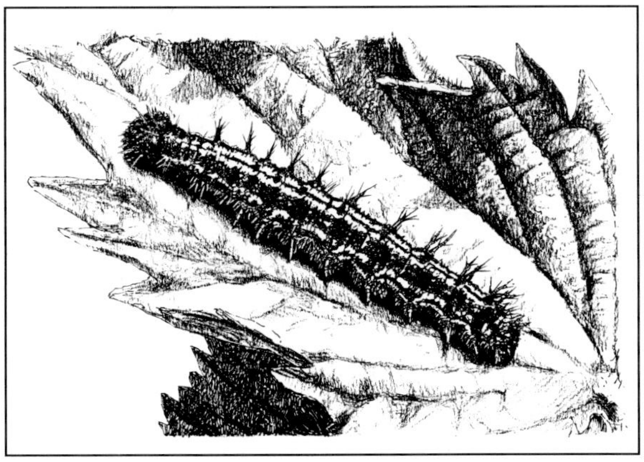

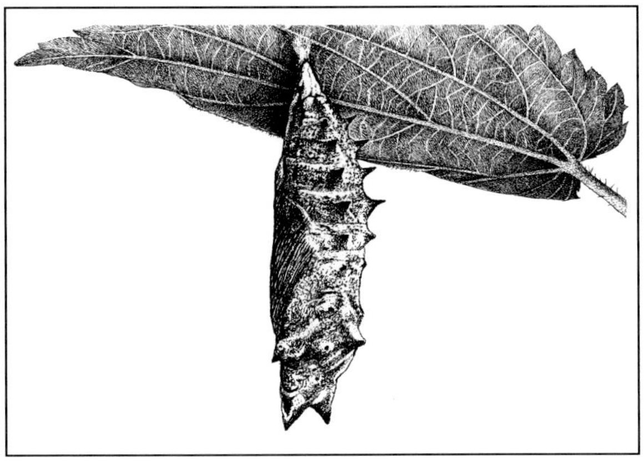

....

....

....

....

....

....

....

....

....

....

....

....

....

....

....

....

....

....

....

....

Du kannst dich auch in Tierbüchern oder im Lexikon informieren.

Lösungen

Blatt 1 – Ausschneide- und Ausmalbogen
1. Der Feldhase, 2. Der Feldhamster, 3. Die Feldmaus, 4. Der Steinmarder.

Blatt 2 – Zuordnungskarten
1D, 2A, 3B, 4C.

Blatt 3 – Lückentext
Feldmaus, Lebensraum, Rüben, grünen, selten, Bejagung, Steinmarder, Wäldern, Siedlungen, Schläuche, herumkaut.

Blatt 4 – Fragen zum Text
(1) Feldhase, Feldhamster und Feldmaus. – (2) Von Sämereien und grünen Pflanzenteilen. – (3) Kleintiere. – (4) Die Feldhasen. – (5) In den Wäldern. – (6) In menschlichen Siedlungen (Dörfer und sogar Großstädte). – (7) Sie kauen gern auf Kabeln und Schläuchen herum.

Blatt 7 – Zuordnungskarten
1C, 2D, 3A, 4B.

Blatt 8 – Lückentext
fliehen, Fortpflanzungszeit, baumlosen, Weibchen, Paare, Kämpfen, Häsinnen, abzuwehren, Hinterläufe, geboren, säugt.

Blatt 9 – Fragen zum Text
(1) Sie fliehen. – (2) Von Ende Dezember bis Ende September. – (3) Ihren Hochzeitslauf. (4) Zu Kämpfen. – (5) Sie wollen unerwünschte Freier abwehren. – (6) Sie stellen sich auf die Hinterläufe und schlagen mit den Vorderpfoten aufeinander ein. – (7) Sie sitzen still im Gras und warten auf ihre Mutter.

Blatt 11 – Ausschneide- und Ausmalbogen
1. Die Fledermaus, 2. Der Igel, 3. Der Maulwurf, 4. Die Feldspitzmaus.

Blatt 12 – Zuordnungskarten
1B, 2A, 3D, 4C.

Blatt 13 – Lückentext
Spitzmäuse, Insektenfressern, Würmer, gehören, dämmerungsaktiv, jagen, Erdoberfläche, Heißhunger, Sehvermögens, verwandt.

Blatt 14 – Fragen zum Text
(1) Insekten. – (2) Der Igel. – (3) Ihre Ultraschall–Echopeilung. – (4) In der Nacht und in der Dämmerung. – (5) Sie fallen sogar andere gleich große Tiere an. – (6) Nein. – (7) Auf der Erdoberfläche.

Blatt 17 – Zuordnungskarten
1D, 2A, 3C, 4B.

Blatt 18 – Lückentext
Rüstung, Feinde, Muskelkappe, einzurollen, Straßen, Wespen, Bienen, Mensch, Gift, geschickt, auffressen, verschläft.

LÖSUNGEN

Blatt 19 – Fragen zum Text
(1) Seine stachelige Rüstung. – (2) Eine ungewöhnlich dehnbare und kräftige Muskelkappe. (3) Auf unseren Straßen. – (4) Fast alle natürlichen Gifte. – (5) Nein. – (6) Er frisst sich eine ordentliche Speckschicht an und beginnt sein Winterquartier herzurichten.

Blatt 21 – Ausschneide- und Ausmalbogen
1. Der Kiebitz, 2. Das Rebhuhn, 3. Der Turmfalke, 4. Die Schleiereule.

Blatt 22 – Zuordnungskarten
1B, 2C, 3D, 4A.

Blatt 23 – Lückentext
offene, trockenes, Gefieder, auffälligsten, unauffällig, Beutegreifer, Jagdrevier, Mäusen, Schleiereule, Felsspalten, Namen, Kirchtürmen.

Blatt 24 – Fragen zum Text
(1) Feuchte Wiesen. – (2) Graubraun. – (3) Mäuse. – (4) Offenes Gelände. – (5) Zu den Siedlungen der Menschen. – (6) Er brütet oft auf Kirchtürmen oder anderen hohen Türmen. – (7) In Felsspalten.

Blatt 27 – Zuordnungskarten
1D, 2B, 3A, 4C.

Blatt 28 – Lückentext
Burgruinen, April, Feldmäuse, Brutsaison, Eier, Gehör, Schädel, eher, orten, Schutzmechanismus, Sirenen, Ohren.

Blatt 29 – Fragen zum Text
(1) Auf Kirchtürmen, Dachböden, in Burgruinen und alten Scheunen. – (2) 4 bis 6. – (3) Die Brutsaison dauert bis in den Herbst und die Zahl der Eier kann bis auf 10 oder 12 steigen. – (4) Aus Mäusen, Vögeln, Insekten und Fröschen. – (5) Ein sehr gutes Gehör. – (6) Ihre Ohröffnungen sind etwas versetzt am Schädel angeordnet . – (7) Weil sie so ein schallempfindliches Gehör haben.

Blatt 31 – Ausschneide- und Ausmalbogen
1. Die Elster, 2. Die Bachstelze, 3. Die Rauchschwalbe, 4. Die Feldlerche.

Blatt 32 – Zuordnungskarten
1B, 2D, 3A, 4C.

Blatt 33 – Lückentext
Schwanzwippen, Feldlerche, Boden, Tarnung, Lüfte, steigt, nisten, freien, außen, kugeliges, Lehm, Zweige.

Blatt 34 – Fragen zum Text
(1) Mit ihrem auffälligen Schwanzwippen. – (2) Sie rufen „zillit“ oder „fillip“. – (3) Die Feldlerche. – (4) Die Rauchschwalbe. – (5) Der Vogel steigt beim Singen hoch in die Lüfte. – (6) Es ist ein kugeliges Gebilde mit einer seitlichen Öffnung. – (7) Mit Lehm.

Blatt 37 – Zuordnungskarten
1A, 2D, 3B, 4C.

LÖSUNGEN

Blatt 38 – Lückentext
Luft, Körperbau, gezogenen, wendiges, Singvogel, Nahrung, geöffnetem, Gewässern, getrunken, Wetter, Fluginsekten, Maurer.

Blatt 39 – Fragen zum Text
(1) An das Leben in der Luft. – (2) Ihr schlanker Körperbau und ihre lang gezogenen Flügel- und Schwanzfedern. – (3) Sie nimmt Nahrung auf, badet und trinkt. – (4) Von kleinen Fluginsekten. – (5) In Teichen, Seen oder anderen Gewässern. – (6) Über Wasserflächen. – (7) Mit Mehlschwalben und Mauerseglern.

Blatt 41 – Ausschneide- und Ausmalbogen
1. Der Goldlaufkäfer, 2. Der Gemeine Grashüpfer, 3. Der Kleine Fuchs, 4. Die Erdhummel.

Blatt 42 – Zuordnungskarten
1C, 2D, 3B, 4A.

Blatt 43 – Lückentext
grün, Insekten, Eier, Häutungen, Herbst, Erdhummeln, Gängen, Fleckenfalter, Höhe, hören, schnarrenden, Wiesen.

Blatt 44 – Fragen zum Text
(1) Tagsüber. – (2) Sie legen ihre Eier in den Erdboden. – (3) Dreimal. – (4) In unterirdischen Gängen von Mäusen, Maulwürfen oder Feldhamstern. – (5) In Europa und Asien. – (6) Der Gemeine Grashüpfer. – (7) Sie zirpen.

Blatt 47 – Zuordnungskarten
1B, 2D, 3C, 4A.

Blatt 48 – Lückentext
Höhlen, Winterschlaf, Falter, Temperaturen, fortgesetzt, Kleine Fuchs, Raupe, fertigen, legt, Brennnesselblätter, saugt, Blüten.

Blatt 49 – Fragen zum Text
(1) Auf Dachböden, in Kellern oder Höhlen. – (2) Als Falter. – (3) Drei Generationen. – (4) Ei, Raupe, Puppe, Falter. – (5) An Brennnesselblättern. – (6) Vom Nektar verschiedener Blüten und von den Säften von Früchten oder Bäumen.

INFOBLATT

Säugetiere I

Der Feldhase – Blatt 1/1 *(selten, gebietsweise verschollen)*

Der Feldhamster – Blatt 1/2 *(selten, gebietsweise verschollen)*

Der Feldhamster hat ein auffälliges dreifarbiges Fell (schwarz/weiß/rotbraun). Seine Körperlänge beträgt etwa 25 cm. Außer pflanzlicher Kost frisst er auch gern Mäuse, Jungvögel, Würmer, Schnecken und Insekten.
Wenn die Erntezeit kommt, wird der Hamster zu einem übereifrigen Sammler. Oft hamstert er mehr Vorräte, als er im Winter verzehren kann (bis zu 15 kg). Zum Transport der Getreidekörner in seine Vorratskammern benutzt der Hamster seine Backentaschen.
Hamster graben ausgedehnte Ganganlagen von oft über 10 m Länge mit mehreren Ein- und Ausgängen.
Von Oktober bis März halten die Feldhamster Winterschlaf.

Die Feldmaus – Blatt 1/3 *(stellenweise häufig)*

Feldmäuse leben gern gesellig. Sie graben unterirdische weit verzweigte Ganganlagen mit vielen Kammern und Öffnungen. Auf dem Erdboden sind diese „Familienwohnungen" wie ein Dorf durch ein Wegenetz verbunden.
Alle paar Jahre vermehren sich Feldmäuse in Massen. Schon im Alter von 12 Tagen sind die Weibchen fortpflanzungsfähig und können sich im Jahr bis zu sechsmal paaren. Wissenschaftler haben festgestellt, dass ein einziges Weibchen in seinem kurzen Leben 33-mal Nachwuchs hatte: insgesamt 127 Kinder!
Feldmäuse haben aber auch zahlreiche Feinde. Sie sind das Hauptbeutetier vieler Greifvögel und Raubtiere: Schleiereule, Mäusebussard, Turmfalke; Katzen, Wiesel, Füchse und Marder.

Der Steinmarder – Blatt 1/4 *(sporadisch noch recht gut vertreten)*

Als vielseitiger, anpassungsfähiger Räuber ist der Steinmarder ein so genannter Kulturfolger.
Gern bezieht er Scheunen, Dachböden und Gartenhäuser.
Seine Nahrung besteht aus kleinen Säugetieren bis zur Größe von Kaninchen und Hasen, aus Vögeln, Kriechtieren, Insekten und Würmern, aber auch aus Honig und Beeren. Besonders gern mag er allerdings Vogeleier. Kleinere Eier frisst er direkt aus dem Vogelnest, größere trägt er in seinem Maul in ein Versteck.

INFOBLATT

Säugetiere II

Die Fledermaus (Braunes Langohr) – Blatt 11/1 *(selten, gebietsweise verschollen)*

Das Braune Langohr trägt seinen Namen zu Recht: Seine Ohren sind fast dreimal so lang wie der Kopf. Zum Schlafen – tagsüber und im Winter – werden sie zusammengefaltet und unter die Flügel gesteckt.
Nach Einbruch der Dunkelheit fliegen die Fledermäuse auf Jagd. Dabei erbeuten sie Nachtschmetterlinge, Fliegen, Schnaken und Käfer.
Das Braune Langohr bekommt nur ein Junges im Jahr. Als Kinderstube dienen Nistkästen, Baumhöhlen, Dachstühle oder Mauerritzen. Sie leben gesellig in Kolonien mit bis zu 25 Tieren.

Der Igel – Blatt 11/2 *(sporadisch noch recht gut vetreten)*

Der Maulwurf – Blatt 11/3 *(sporadisch noch recht gut vertreten)*

Der Maulwurf hat einen walzenförmigen Körper mit schwarzem samtweichem Fell. Seine kräftigen Vorderfüße mit den langen flachen Krallen dienen als Grabewerkzeuge. Damit baut er seine unterirdischen Gänge. In bestimmten Abständen wird ein schräger Gang nach oben gegraben und das überschüssige Material als „Maulwurfshaufen“ herausgedrückt.
Zu seiner Nahrung gehören hauptsächlich Regenwürmer, Schnecken, Tausendfüßler, aber auch Frösche und Mäuse.

Die Feldspitzmaus – Blatt 11/4 *(selten, gebietsweise verschollen)*

Spitzmäuse gehören zu den kleinsten Säugetieren der Welt.
Die Feldspitzmaus ist den größten Teil ihres Lebens auf der Jagd nach Fressbarem, denn je kleiner ein warmblütiges Tier ist, desto größer ist sein Energieverbrauch.
Fremde Artgenossen dulden die erwachsenen Tiere nicht in ihrem Revier, aber zwischen Müttern und ihren Kindern besteht eine innige Bindung.
Bei Verunsicherung oder Gefahr quartiert die Mutter ihre Jungen in ein anderes Nest um. Dabei entsteht die „Spitzmauskarawane“: Ein Junges beißt sich an der Schwanzwurzel der Mutter fest, das zweite Junge beißt sich am ersten fest usw. Die Kette hängt so fest zusammen, dass man sie am letzten Karawanenglied hochheben könnte.

INFOBLATT

Vögel I

Der Kiebitz – Blatt 21/1 *(sporadisch noch recht gut vertreten)*

Kiebitze sind taubengroß und auffällig schwarz-weiß gezeichnet.
Ende Februar/Anfang März beginnt ihre „Flugschau"; sie sind tatsächlich die reinsten Kunstflieger, die Rollen, Sturzflüge und Loopings meisterhaft beherrschen.
Ihre Nester sind unauffällige in den Boden gescharrte Mulden. Die vier olivbraunen Eier mit schwarzen Flecken liegen immer mit der Spitze nach innen, in der Form eines vierblättrigen Kleeblatts.
Wenn die Küken geschlüpft sind, verlassen sie sofort das Nest. Mit ihrem gesprenkelten Tarnkleid sind sie auch aus geringer Entfernung kaum zu erkennen.

Das Rebhuhn – Blatt 21/2 *(bestandsgefährdet)*

Als Küken ernährt sich das Rebhuhn von Insekten, Spinnen, Asseln und Tausendfüßlern. Später kommt vermehrt pflanzliche Kost hinzu, aber nur bestimmte Kräuter und Gräser sowie deren Samen. Rebhühner mögen es abwechslungsreich; bei eintöniger Kost werden sie krank.
Im Vorfrühling sondern sich Paare ab. In diesen Wochen gibt es viel Aufregung und Gezänk – besonders unter den Hähnen.
Mit Beginn der Brutzeit fällt dem Hahn die Rolle des Wächters zu. Er bewacht die brütende Henne und später seine Kükenschar (10–12).
Ab November bilden sich bei den Rebhühnern größere Wintergesellschaften.

Der Turmfalke – Blatt 21/3 *(stellenweise häufig)*

Der Turmfalke ist unser häufigster Greifvogel. Oft sieht man den taubengroßen Vogel in der Luft „stehen", im Rüttelflug nach Beutetieren Ausschau haltend. Dazu gehören Mäuse, Maulwürfe, Kleinvögel, schwache Junghasen und ab und zu auch Blindschleichen und Eidechsen.
Turmfalken bauen keine Nester. Sie suchen sich Nischen in Felsen oder an Gebäuden wie Türmen und Ruinen. Gern beziehen sie auch die verlassenen Nester von Krähen oder Elstern auf hohen Bäumen.

Die Schleiereule – Blatt 21/4 *(bestandsgefährdet)*

Persen® Bergedorfer®
Best.-Nr. 2344

INFOBLATT

Vögel II

Die Elster – Blatt 31/1 *(häufig)*

Die Elster hat ein auffälliges metallisch glänzendes schwarz-weißes Gefieder und einen langen Schwanz.
Im Flug wirkt sie unsicher und flatternd, doch im Gebüsch – auf der Suche nach Eiern und Jungvögeln – ist sie ein geschickter Turner.
Am Boden bewegt sich die Elster meist hüpfend voran.

Die Bachstelze – Blatt 31/2 *(sporadisch noch recht gut vertreten)*

Bachstelzen sind in Dörfern und sogar in Städten anzutreffen.
Sie leben gern in der Nähe von Wasser, aber man findet sie ebenso fernab von Gewässern.
Ihre Nester bauen sie mit Vorliebe an alten Gebäuden – in Mauernischen, unter Dachvorsprüngen oder auf Balken.
Meist brüten Bachstelzen zweimal im Jahr.

Die Rauchschwalbe – Blatt 31/3 *(selten, gebietsweise verschollen)*

Die Feldlerche – Blatt 31/4 *(stellenweise häufig)*

Auf Bäumen oder Büschen sieht man die Feldlerche eigentlich nie. Als ursprünglicher Bewohner der baumlosen Steppen in Osteuropa und Asien ist sie an ein Leben am Boden gewöhnt.
Auch ihr Nest baut sie am Boden, in einer kleinen Mulde. Die drei bis fünf Eier werden vom Weibchen ausgebrütet. Die Jungvögel verlassen das Nest schon im Alter von zehn Tagen, wenn sie noch gar nicht richtig fliegen können.
Ihre Nahrung nehmen die Feldlerchen ebenfalls vom Boden auf: kleine Samen, am Boden lebende Tiere und Pflanzenteile.
Doch im Singflug steigen sie hoch in den Himmel hinauf. Eine besondere Atemtechnik ermöglicht es ihnen, beim Fliegen so andauernd zu singen.

Persen® Bergedorfer®
Best.-Nr. 2344

INFOBLATT

Insekten

Der Goldlaufkäfer – Blatt 41/1 *(selten, gebietsweise verschollen)*

Der Goldlaufkäfer oder Goldschmied gehört zur Familie der Laufkäfer. Er frisst große Mengen an Drahtwürmern, Nacktschnecken, Raupen und Engerlingen – täglich mehr als sein eigenes Gewicht. Er ist tagaktiv und im Unterschied zu einigen anderen Laufkäferarten kann er nicht fliegen.

Der Gemeine Grashüpfer – Blatt 41/2 *(stellenweise häufig)*

Die Zirptöne des Gemeinen Grashüpfers entstehen durch das Entlangstreichen des Hinterschenkels, an dem sich ein fein gesägter Kamm befindet, an einer Kante des Vorderflügels.
Mit diesem „Geigenspiel" locken die Männchen die Weibchen an.
Die Eier werden im Boden abgelegt und überwintern dort.
Im darauf folgenden Jahr schlüpfen die Larven und im Juni sieht man dann wieder die ersten Grashüpfer.

Der Kleine Fuchs – Blatt 41/3 *(häufig)*

Die Erdhummel – Blatt 41/4 *(stellenweise häufig)*

Färbung und Zeichnung der Erdhummeln sind oft recht unterschiedlich, manche Tiere ähneln auch sehr stark der Gartenhummel, sodass eine eindeutige Bestimmung im Gelände oft gar nicht möglich ist.
Im Unterschied zu den anderen Arten hat die Erdhummel keinen Saugrüssel, um den Nektar aus den tiefen, engen Blütenkelchen zu trinken.
Wie kommt sie aber dann an den Nektar, z. B. von Salbeiblüten? Sie beißt tief unten von der Seite ein Loch in den Kelch und schleckt den Nektar auf.

Persen® Bergedorfer®
Best.-Nr. 2344